AF338051

QUI DOIT PAYER LES FRAIS
DE LA GUERRE?

L'indignation de la vertu ne peut
supporter le spectacle du vice.

A PARIS,

Chez les Marchands de Nouveautés.

1815.

QUI DOIT PAYER LES FRAIS DE LA GUERRE?

FRANÇAIS,

RESTEREZ-VOUS toujours sous le joug révolution-naire? Il est cependant tems et plus que jamais, d'ouvrir les yeux sur la position terrible où vous êtes, et de secouer les chaînes qui vous accablent; il est tems de fermer enfin l'abîme que les factieux ouvrent encore pour vous engloutir. C'est l'impunité de leurs forfaits qui nourrit et entretient leur audace; c'est l'impunité accordée aux ennemis de la patrie, qui a amené en France tous les fléaux dont nous sommes accablés; et c'est l'impunité qui encore sera la cause du renver-sement de notre gouvernement, et de la perte et de la ruine des Français. La France souffre, et vous n'osez vous plaindre des maux qui sont accumulés sur votre patrie, et de ceux encore plus grands dont vous êtes menacés.

Un bon Français qui aime son Roi et sa patrie, doit dire tout ce qu'il voit et tout ce qu'il pense; il doit éclairer ses concitoyens sur les devoirs qu'ils ont à rem-plir, et sur les malheurs dont ils sont menacés; il doit chercher à ramener ceux qui, de bonne foi, ne sont qu'égarés, et leur faire sentir l'intérêt qu'ils ont à se rallier autour du meilleur des Rois ; il doit faire connaître les véritables causes qui, en empêchant le déploiement du caractère national, retiennent encore les bons Français sous le joug de la terreur, et empêchent les observateurs de l'esprit public, de les connaître et de les juger pour ce qu'ils sont.

Je ne suis point un savant, mais je connais le peuple, et je sais qu'il ne faut pour le convaincre que des faits. Les hommes du bel esprit, les ministres, tous les courtisans qu'on appelle des hommes d'état, jugent le peuple par ce qu'ils voient dans leurs salons dorés, et par ce qui se passe parmi les désœuvrés et les factieux qui se réunissent sur les places publiques ; ils s'abaisseraient trop ces grands politiques habitués à gouverner, ils sont trop éclairés pour ne point tout savoir et tout pénétrer du premier coup-d'œil. C'était bon pour de petits génies comme Henri IV et Sully, pour voir par eux-mêmes le peuple, et sur-tout celui qui n'a point cinquante mille livres de rente. C'est cependant, Messieurs les observateurs de l'esprit public, dans la chaumière, dans les ateliers, parmi ce peuple industrieux qui, par les arts, par ses talens et par son commerce, fait la richesse de l'Etat, que l'on peut connaître l'opinion publique, si cependant on veut bien croire qu'il fasse partie de la nation. C'est cette nation-là qui souffre d'être la bête de somme de tous ces nouveaux riches, voleurs de profession ; qui n'ont eu d'autres talens que celui d'amasser des richesses au prix du sang des Français. Mais comme je ne suis point un bel esprit, et que je ne me fais honneur *que d'être un bon français*, à la vérité sans culotte ; mais à qui la faute ? demandez à mes laquais : les coquins, comme à beaucoup d'autres, m'ont tout enlevé : j'ai donc passé, ainsi que ma fortune et mon état, par tous les événemens de la révolution : vous devez prévoir si je dois être sec, après avoir, dans un tems de liberté et d'égalité, sué sang et eau pour courir après le bonheur sans pouvoir l'attraper. J'ai donc appris, comme beaucoup d'autres, à connaître les passions des hommes de la révolution à mes dépens. Si je ne les peins point sous des couleurs favorables, c'est que je ne sais en employer que de naturelles, et que je ne puis en conscience, et j'avoue mon faible, cacher parmi des fleurs les serpens qui donnent la mort au corps politique. Je ne sais point déguiser les causes des malheurs de mon pays, ni les qualités physiques et morales des hommes ; je les juge sur leurs actions, et je ne puis tirer de conséquences que sur les événemens qu'elles ont produites, et qui peuvent encore se renouveler. Je ne puis croire, mais c'est un malheur pour moi si je suis superstitieux de cette manière, chacun a ses faiblesses ; mais enfin je ne puis croire que celui qui a profité des dépouilles des malheureuses victimes de la révolution, que celui qui, favorisé par la bravoure de nos soldats et par le sang qu'ils ont versé, s'est enrichi aux dépens des peuples qu'il n'avait point conquis ; j'ai la faiblesse de ne point croire que tous ces hommes ne soient que des hommes heureux que la fortune a favorisés. Je sais fort bien.

que la fortune est aveugle, mais la justice y voit clair ;
elle est trop majestueuse et trop grande, et ils étaient
et sont encore trop petits pour lui mettre un bandeau
sur les yeux ; ils ne lui ont pu ôter que son glaive, lequel, il faut l'espérer, se retrouvera par les *princes
augustes* qui rendent à César ce qui appartient à César,
et rendront aussi à Dieu ce qui appartient à sa justice.

On ne verra point dans ce petit ouvrage, dicté par
l'amour de la raison et de la patrie, cet ordre, cette
beauté de style qui n'est dicté par les grands esprits
dont je n'ai point l'honneur d'être le confrère, que
pour se faire admirer. Mes idées sont confuses, mais
elles ont un but ; c'est de chercher à persuader et à
faire voir les choses telles qu'elles sont : il m'importe
donc fort peu que mon style soit incorrect, tandis que
mes intentions sont pures. Pourvu que je remplisse le
but que je me propose, je serai satisfait : servir mon
Roi et ma patrie est toute ma gloire, et pouvoir con-
tribuer à son bonheur en éveillant le vrai caractère
national des Français, est le seul but où se borne mon
ambition.

Français, je vous envisage aujourd'hui tels que vous
êtes, pour savoir ce que vous pouvez être. Le tableau
que je vais tracer est affreux, mais il est peint de couleurs naturelles. Vous êtes lâches et timides ; vous êtes
tous, je le sais par moi-même, puisque j'ai aussi le
malheur d'être Français ; vous êtes tous, j'en conviens, de malheureuses victimes accablées sous le
poids de l'adversité ; mais y a-t-il du courage à vous
laisser ainsi abattre ? Ce doit-il être une raison pour

ne point vous réveiller de cet assoupissement qui vous donnera la mort? Pourquoi dormez-vous, pendant que les révolutionnaires, les voleurs et les bourreaux de la patrie conspirent? Ils jouissent, Français, du fruit de leurs crimes; et vous, vous périssez de misère. C'est bien là le cas de dire que pauvreté n'est pas vice, mais que c'est encore pire. Vous n'entendez donc plus les cris de vengeance des victimes de ces tigres altérés de sang, de carnage, de pouvoir et de richesses : vos cœurs sont donc bien endurcis! Où est donc ce grand courage, cet honneur sacré qui stimulait les vertus, et qui portait nos pères à la défense du Roi et de la patrie? Toutes ces vertus sont donc noyées dans le sang des Français; il ne circule donc plus dans vos veines ce sang précieux : vous êtes donc actuellement comme un vil troupeau qui attend avec sécurité une mort certaine. Oui, Français, je ne puis le taire, vous êtes tous dégénérés ; vous n'êtes actuellement qu'un composé de lâches victimes et d'affreux bourreaux; tout vous est indifférent, et tous égoïstes, vous vous persuadez individuellement que les coups ne frapperont point sur vous. Voulez-vous attendre que vos assassins rétablissent les échafauds, les fusillades, les noyades et les mariages républicains, pour ranimer votre courage abattu et relever votre caractère ?

O peuple démoralisé, lâche dans l'adversité et terrible dans la prospérité, vous vous dites Français, et vous n'osez seulement crier vengeance contre vos bourreaux! vous n'osez même invoquer les lois qui sont pour vous protéger! Voulez-vous par votre insouciance vous perdre, et rendre encore victimes de leur généreux dévouement, les princes et le Roi qui seul peut et veut faire votre bonheur? Ce bon Roi est Français; il n'est que comme vous, trop sensible et trop bon; il est aussi accablé par le malheur; mais il sait aussi qu'il vous doit l'exemple du courage; il sait qu'il est votre père, votre ami, votre protecteur, et qu'il est placé par la Divinité pour vous soutenir et pour vous protéger en défendant vos droits. Indiquez-lui, Français, le bien qu'il a à faire et les maux qu'il a à réparer; soutenez son courage par votre amour et votre fidélité; montrez-lui, par un dévouement ferme et bien caractérisé, que vous êtes disposés à lui sacrifier tout ce que vous avez de plus cher : alors il pourra vous rendre justice; car il ne peut être fort que de votre assentiment, et il ne peut être heureux que du bonheur de ses enfans.

Réveillez-vous donc de votre assoupissement, triste fruit de la terreur que votre peu de courage vous inspire; que craignez-vous? Les Princes de l'Europe ne sont-ils point parmi vous, pour protéger votre Roi et ses sujets fidèles? Entendez les cris de rage des factieux, de ces forcenés envoyés par l'enfer pour vous dévorer. Ces monstres, tels que des lions, fiers de leurs exploits meurtriers, se battent les flancs, ils irritent leurs moustaches pour s'exciter au carnage; ils ne sont point encore satisfaits de voir la France éperdue, ravagée, accablée de toutes sortes de calamités; il leur faut encore la perte du Roi, et noyer notre malheureuse patrie dans un nouveau fleuve de sang. Voyez leur audace et ce qu'ils seront capables de faire, quand nous n'aurons plus parmi nous les protecteurs du genre humain, puisqu'en présence même de leurs armées, ils osent encore menacer leur Roi, leur père, et toutes leurs victimes ; et cependant, Français, tout se tait, et la loi ne sévit point avec force et impartialité contre tous ces révolutionnaires qui, coupables, restent toujours coupables, et qui, conspirateurs, conspireront toujours et ne reconnaîtront jamais d'autres lois ni de gouvernement que celui qu'ils établiront, pour s'assurer leurs pouvoirs et la jouissance des fruits de leur férocité.

Ces brigands, riches de nos dépouilles et de celles des peuples nos voisins, osent se plaindre des maux qu'eux seuls ont attirés sur la France ; mais s'ils se plaignent, ce n'est point par l'intérêt qu'ils vous portent, c'est pour vous tromper, pour abuser de votre crédulité, et pour vous égarer du vrai chemin de la félicité et du bonheur. Ne se plaignaient-ils point des pouvoirs et des richesses de l'ancienne noblesse de France, et qui, après l'avoir détruite, s'est emparée de leurs pouvoirs et de leurs richesses ? Ne les appercevez-vous point, ces monstres distingués et annoblis par le crime, ils se couvrent du masque de l'hypocrisie, les perfides ! Ils se plaignent et ils jouissent de toute la fortune publique et particulière ; ils se sont emparés, à force de crimes, des biens de la veuve et de l'orphelin ; ils ont profité, après les avoir assassinés, des dépouilles de ces anciens héros qui, en défendant le Roi et la patrie s'étaient couverts de gloire, et qui de la France en avaient fait, par l'honneur qui enfante toutes les vertus sociales, le séjour de la félicité et du bonheur. Oui, ils se sont emparés de leurs pouvoirs et de leurs richesses, mais ils n'ont pû hériter de la noblesse de leurs sentimens, de ce désintéressement qui leur faisait tout entreprendre pour la gloire et le bonheur de leur patrie.

Ils se plaignaient aussi de la religion et des richesses du clergé de France; et qui s'est emparé de ces richesses, qui n'étaient que le patrimoine du pauvre, et qui, par ces donataires, avait été destiné pour en employer les revenus au secours des malheureux.

Ils se plaignaient de l'éducation publique donnée par les ministres de la religion de nos pères; et quels principes de religion et de moralité ont-ils inspirés à nos enfans? Ils ont été féroces, barbares, meurtriers, injustes et cruels; ils ont commis toutes sortes de crimes qu'ils ont érigés en vertu sublime; ils ont égaré, perdu la génération présente, par l'ambition qu'ils ont su inspirer à la jeunesse, qui n'a plus aucun frein pour la retenir dans le chemin de l'honneur.

Si une partie de la génération présente, désire le gouvernement de ces tigres, c'est parce qu'ils sont les enfans de la révolution plutôt que ceux de la patrie; et que rien pour eux n'est sacré pour assouvir la soif qui leur a été inspirée, du pouvoir et des richesses; ils savent, et on ne leur a que trop appris, que dans les révolutions il ne faut, pour parvenir, que de l'audace; qui seule, dans les dissentions civiles, tient lieu de vertus publiques.

Ils se plaignaient du gouvernement de Louis XVI ; mais quels sont les gouvernans et le gouvernement qu'ils nous ont donnés! Sous Marat, Robespierre, Carrier, et autres scélérats qui respirent encore, couverts d'honneurs, de pouvoirs et de richesses ; ceux-là aussi respectaient la souveraineté et l'indépendance nationale, en envoyant à la mort les représentans vertueux et courageux, qui luttaient contre leurs entreprises criminelles.

Ils se plaignaient que la France n'eût point de constitution, et ils lui en ont donné par douzaines, sans cependant assurer les droits et le bonheur des Français.

Ils se plaignaient du despotisme et de l'aristocratie, et eux seuls ont revêtu du pouvoir le plus absolu le tyran le plus farouche, qui ne fit que le malheur du monde.

Ils ne se sont point plaints sous le règne de ce Corse barbare ; ils avaient fait ensemble un pacte de famille, et Buonaparte s'était engagé à partager avec eux les dépuilles des nations, et à les laisser, eux et leurs petits louveteaux, jouir en paix des fruits de leur industrie révolutionnaire.

Leurs plaintes, Français, est le thermomètre qui fait connaître les variations de l'atmosphère politique; s'ils se plaignent, c'est qu'ils ont des raisons pour se plaindre ; et nous, nous devons en avoir pour nous réjouir et espérer. S'ils se plaignent enfin, c'est pour voir s'ils pourront encore abuser de votre crédulité, et si les souverains de l'Europe se laisseront intimider par leur menace : ils ne voudraient voir en France d'autre armée que celle des Français qu'ils ont égarés, parce qu'alors ils pourraient, à leur aise, sacrifier à leur vengeance, le Roi, son auguste famille, et tous ceux qui, sous la qualification de *royalistes*, s'opposent à l'exécution de leurs projets criminels.

Si ces héros protecteurs de l'exterminateur du genre humain, se déclarent les champions de l'indépendance nationale, c'est qu'ils veulent, et cela sous peine de mort, que la France se soumette à leurs armes, et qu'elle ne reçoive de lois que des factieux. Ils prétendent, dans leur délire, que la France doit toujours être le patrimoine du crime, que l'honneur ne peut y asseoir son trône, et encore moins la vertu y dicter des lois.

Malheureux enfans, parjures et dénaturés ! croyez-vous en imposer encore par votre audace à l'univers rassemblé pour vous faire rentrer dans la poussière dont vous sortez? De quels droits, téméraires, voulez-vous régir le monde ? Quels sont vos pouvoirs et vos droits ? Vous n'en avez aucuns que la force, et ce sont ceux des brigands : ces droits ne peuvent exister pour une cause injuste, et jamais elle ne fut protégée par le ciel. Et d'ailleurs, où existe-t-elle cette force? Elle est dans l'abus que vous vous faites d'une autorité usurpée, puisque celui qui vous l'a donnée n'était qu'un usurpateur, et qu'il n'existe plus. Cette force existe dans l'abus que vous vous faites, de ceux de nos enfans que vous nous avez arrachés par votre tyrannie, et dont vous avez abusés : mais, traîtres affreux, rongés par l'ambition et par la soif des richesses, croyez-vous que les ténèbres ne pourront se dissiper, et que le jour n'éclairera point vos victimes? Croyez-vous toujours abuser de votre férocité, et que l'univers se soumettra à votre horde sanguinaire? Tremblez... le jour de la vengeance approche, les nations sont aigries par leurs malheurs, et elles s'apprêtent à donner sur vous un exemple terrible et nécessaire, pour assurer le bonheur du monde.

Vous êtes Français, et vous souffrez qu'une poignée de brigands, nourris et engraissés par le crime, se disent les défenseurs de la patrie et de l'indépendance nationale! Et c'est à des Français, c'est à leurs victimes que ces factieux osent tenir un pareil langage! Mais, ô mes concitoyens! jetez les yeux autour de vous; voyez ce vieillard et cette pauvre infortunée; ils souffrent la faim, la misère; ils appellent la mort à leur secours pour rejoindre un fils chéri qui faisait tout leur espoir. Celle-ci est une malheureuse veuve chargée de famille, et sans espoir pour élever ses enfans; tous redemandent un fils, un époux, un père; mais vain espoir; ils ont servi de trophées à tous ces grands héros. Voilà, Français, l'ouvrage des conquérans, la mort, la dévastation, la misère, la peste, la famine, l'abattement général, l'oubli de l'honneur et de toutes les vertus sociales, la perte de nos propriétés et de nos droits les plus sacrés; voilà les fruits de la philosophie des amis de la liberté et de l'égalité révolutionnaires; et ils osent relever leur tête organisée pour le crime : vos cœurs, Français, jadis si amis de l'honneur et de la patrie, ne s'enflamment point de colère d'entendre ces administrateurs infidèles et ces officiers parjures se dire, les défenseurs de l'indépendance nationale? Vous ne voyez point que tous ces renégats ne sont que des révolutionnaires ou leurs singes, et que, comme eux, ils ne veulent se servir de vous, que pour vous exploiter à leur profit.

Tous ceux qui luttent ainsi par leurs discours factieux ou les armes à la main contre l'autorité légitime du meilleur des Rois, ne sont que des assassins et des voleurs, qui provoquent et entretiennent, par cette conduite infâme, la discorde, l'injustice, la vengeance et la violence ; ils ne sont dominés que par la cruauté et généralement par tous les funestes fruits de l'ambition la plus effrénée ; ils font trembler la nature par leurs exploits meurtriers ; ils répandent partout la terreur et l'effroi ; ils ne savent que s'abreuver du sang des hommes et s'enrichir de leurs dépouilles, et ils osent se dire Français et les défenseurs de votre indépendance. S'ils étaient Français, et que ce sang précieux ne fût point dégénéré dans leurs cœurs féroces, ils ne seraient point ce qu'ils sont : des monstres composés de l'odieux assemblage de tous les vices, des traîtres, qui mêlent et confondent, dans leur intérêt particulier, le droit affreux de tyranniser tous les Français, et d'être les fléaux de l'humanité et l'opprobre de toute la nature. Ils se disent les défenseurs de notre indépendance, et ils laissaient égorger leur Roi, leurs pères, leurs frères, et sacrifiaient nos enfans, pour voler à la défense des bourreaux de la patrie. Ils défendaient la gloire et l'intégrité de l'empire ; quelle gloire pour des héros, de défendre un territoire dont ils laissaient égorger les habitans !

Les révolutionnaires de l'intérieur exploitaient à leur profit l'intérieur de la France, et nos généraux exploitaient les peuples étrangers, en leur portant la liberté qu'ils leur faisaient payer aux dépens de tout l'or qu'ils leur pouvaient extirper. Ainsi chacun de ces grands héros, tant dans le civil que dans le militaire, faisait son affaire ; le peuple et les soldats, trompés par leur machiavélisme, servaient leurs projets, et ces derniers versaient des flots de sang, pour faire jouir ces grands amis du bien public, des fruits de leurs talens révolutionnaires.

Ils se disent les défenseurs de la patrie, et ils nous ont livrés pieds et poings liés au *dévorateur du genre humain*, qui fut, ainsi qu'eux, le fléau de toutes les nations ; et ces cannibales se font encore un *Dieu de ce monstre* qui, comme le disait un orateur fameux, n'a jamais sué que le crime, et qui toujours fut dégoûtant du sang des hommes. Ces idolâtres fanatiques voudraient lui sacrifier la nature entière. O le grand homme ! C'était un Dieu sur la terre ; il protégeait les sans-culottes, la canaille ; il ne rougissait point de se mettre à la tête des voleurs, des assassins, et protégeait ceux qui avaient fait leurs preuves ; il allait même les chercher aux galères ; il partageait en commun les fruits de leurs exploits ; il couvrait ses compagnons de sa gloire et les accablait d'honneurs et de richesses ; il proscrivait à la vérité la vertu et la laissait végéter ; mais, dans ce siècle fortuné, c'était si peu de chose, et on en faisait si peu de cas, qu'elle ne pouvait être d'aucune utilité.

Cette dette publique, que les frères et amis avaient si bien garantie à leurs frères les rentiers, qui aussi furent dupes de la conduite des révolutionnaires, à qui ils avaient momentanément accordé protection pour la conservation et la garantie de leurs créances, qu'est-elle devenue? Elle s'est évaporée dans les mains de nos puissans législateurs; ils l'ont croquée, et les rentiers s'en sont passés. Mais il ne faut point leur en vouloir; les rentiers vivaient trop long-tems, et leur existence était trop à charge au trésor public, c'est-à-dire, *public* cela s'entend pour les voleurs. Au surplus, c'était un acte de dévouement de la part de nos illustres gouvernans, pour le bien des Français; c'était l'amour du bien public qui les faisait agir; on ne peut leur en vouloir : nous nous récrions, mais nous avons tort : ils étaient pauvres, les Français étaient riches; rien de si naturel; chacun son tour. La richesse fut pendant huit cents ans le patrimoine des arts et de la vertu; eh! pourquoi ne le serait-elle point ce laps de tems, ou à peu-près, car ils ne sont point si exigeans? Le fruit et la récompense de l'intrigue, de l'audace et surtout des talens révolutionnaires. Voilà cependant, Français, votre espoir, et les prétentions des amis des grandes idées libérales, des Marat, des Robespierre, des Merlin suspect, etc. Je n'en finirais point, si ici, je voulais donner la liste des amis du bien général de toutes les nations.

Si je me sers du ton de l'ironie, c'est le mépris que

l'on doit porter à tous ces factieux, qui m'y engage ; car, rien n'est si ridicule que leurs prétentions criminelles, et rien n'est si affreux que leur conduite politique. Cependant, Français, vous êtes encore sous le joug d'êtres aussi méprisables, et vous ne pouvez faire un effort pour être libres et pour vous dégager d'un joug qui vous est insupportable.

Dans tous les tems et dans tous les pays, les générations qui se sont succédées sur la terre, se sont également accordées pour vouer à l'exécration publique tous les grands désorganisateurs de l'ordre social, qui ne renversent les gouvernemens de leur pays que pour se substituer à leur place, et établir ainsi par la force et par le crime, leur domination, qui ne peut être que tyrannique, puisqu'elle n'est point légitime, et qu'ils ont à lutter contre tous les droits et les habitudes, qui, en admettant encore qu'ils ne soient que des préjugés, n'en rendent pas moins les peuples heureux, et ces préjugés ne sont point factices dans un tel état de choses, puisqu'ils contribuent au bonheur général. De quels droits, au surplus, ces grands amateurs de révolutions, de liberté et d'égalité, voulaient-ils nous faire adopter leur système, sous peine de mort ? La nation les avait-elle chargés de tout renverser, de tout détruire ? Non, les Français en 89 s'étaient prononcés et les avaient seulement chargés de rétablir l'ordre dans les finances, en faisant payer l'impôt à deux ordres qu'ils n'ont détruits que pour se mettre à leur place, ils ont de leur autorité tout détruit. C'était pour établir le cahot révolutionnaire qui seul pouvait les favoriser et les mettre à même de voler et de piller à leur aise sans rendre de compte. Ils se sont fait appuyer par des insurections partielles de mauvais sujets qu'ils ont soudoyés, pour les faire servir à leurs sinistres projets et renverser toutes les institutions qui, pendant des siècles, avaient fait le bonheur de nos pères. Nos philosophes révolutionnaires trouvaient que le gouvernement était trop vieux, trop usé; et cependant il leur a coûté des efforts qui ont été terribles pour tous les peuples, pour pouvoir le renverser. Le véritable motif qui a pu leur faire renverser le gouvernement de nos pères, était leur ambition. Sous ce gouvernement, les personnes et les propriétés étaient trop respectées, la liberté civile et politique était trop considérée ; les Français, sous leurs Rois, jouissaient d'un bonheur trop doux, trop égal; l'homme ambitieux, sans honneur, sans vertu et sans talent, ne pouvait parvenir dans ce gouvernement; il y avait trop de stabilité et pas assez de mutations. Il leur fallait, à ces grands législateurs, des dissentions intérieures et des guerres, et tous les actes, tous les crimes qui pouvaient les produirent, étaient des actes sublimes de patriotisme; delà ces sorties insolentes contre les Souverains de l'Europe, afin de les exciter à la vengeance; et Dieu et les Français ne savent que trop comme ils ont réussit.

O l'heureux tems pour les mauvais sujets, les voleurs et les ambitieux! Il y avait alors de l'avancement à espérer, et tous les moyens pour s'enrichir étaient bons. Voila cependant le seul mobile du caractère des factieux et des révolutionnaires. Ce n'est que

dans cette classe d'hommes que l'on trouve les amateurs de révolutions : il n'ont rien à perdre; et tout est
profit pour eux. Ils provoquent let révolutions pour
s'enrichir, les entretiennent pour jouir de leurs travaux ; et ainsi de crime en crime, conservent les dissentions publiques pour conserver leur pouvoir et leurs
richesses.

Le gouvernement actuel, ne peut se soutenir s'il
n'est point fort, et il ne peut l'être s'il n'est point juste ;
s'il n'est point juste, il n'aura pas la force de l'opinion
publique pour lui, et au lieu de se faire des prosélites,
il sera abandonné de ceux qui fondaient en lui leur
espoir. Il ne pourra arrêter les trames ourdies par l'intrigue des factieux, qui chercheront toujours à renverser
le pouvoir qui doit maintenir l'équilibre dans l'état.

Un Roi qui, à la suite d'une si terrible révolution
ne sévit point contre les factieux, et qui ne donne
point d'exemples sévères contre les conspirateurs et
les voleurs, est comme le propriétaire d'un vaste do-
maine, dans lequel il y aurait eu un grand incendie;
mais, faute d'avoir bien cherché, il y est encore resté,
dans quelques coins, des vestiges de ce feu dévorateur;
le maître avec trop de sécurité s'en est rapporté à ses
gens, qui ne prennent de part à ses intérêts qu'en raison des leurs propres, car il leur est indifférent de
servir celui-là plu ôt qu'un autre. Ils sont serviteurs
de profession, et leur caractère souple se ploie aux
caprices de toutes sortes de maîtres ; et pourvu qu'ils
soient bien payés, c'est-là le meilleur de leur affaire.
Ces serviteurs dans lesquels leur maître mettait toute

sa confiance, négligent leurs devoirs, ou, dans la quantité, il s'en trouve un qui, par une vengeance secrète ou pour servir quelqu'intérêt particulier, met lui-même le feu, comptant sur l'impunité d'un pareil délit; car, il ne pourrait être prouvé, et tout porterait à croire que ce sont des anciens brandons qui auront ranimé l'incendie de laquelle le maître aurait été victime, au moment où il s'y attendait le moins. Ce maître ne sera pas plaint, et tout le monde dira : c'est de sa faute, il ne devait point, après un si terrible incendie, s'en rapporter aveuglément à ses gens; s'il est victime, c'est de son imprévoyance. Il en est de même du Roi; trop de sécurité, envers ceux qui l'entourent, peut le perdre. S'il laisse les voleurs jouir en paix des richesses immenses qu'ils ont acquises par le crime, c'est entretenir l'impunité et provoquer l'audace de nouveaux factieux qui se mettront à leur tour en avant, pour s'emparer de la fortune de leur professeur dans le grand art de l'expropriation. Si ces derniers jouissent en paix de la fortune qu'ils ont extorquée, et que la loi et le Roi ne leur fassent point rendre les comptes que la plupart d'entr'eux ont à rendre, comme administrateurs de partie de la fortune publique, et même à plusieurs de MM. nos généraux. Car il est affreux de voir qu'au prix du sang des Français, eux seuls aient profité des victoires, et se soient fait des fortunes colossales des dépouilles des nations, sans aucun bénéfice pour l'État, qui aucontraire fait encore des pensions aux militaires, instrumens dont ils se sont servis pour accumuler l'or dont ils regorgent.

Si le Roi fait taire la loi à l'égard de ces administrateurs infidèles, et des généraux qui ont, au détriment
de leur patrie, levé à l'étranger des contributions à
leur profit, c'est accorder directement protection pleine
et entière aux voleurs; c'est reconnaître directement
tous les crimes de la révolution, et en faire l'apologie,
c'est laisser à de nouveaux factieux l'espérance d'obtenir les mêmes succès et les mêmes avantages; c'est
dire aux auteurs de tous nos malheurs : *vous avez volé,
pillé, ravagé, exterminé, noyé, fusillé, guillotiné,
incendié, violé, assassiné, etc.*; vous vous êtes enrichis
aux dépens des victimes de votre rage, je le sais : je sais
aussi que les soldats français se sont couverts de gloire
sans profit, et tout en servant vos projets; je sais que
vous seuls jouissez du fruit des victoires achetées au
prix de leur sang, je sais qu'ils ont été trompés par
vous sur le but qu'ils se proposaient, et qu'ils n'ont
servis que des voleurs et des bourreaux de la patrie,
croyant défendre la liberté publique et la vie des Français; je sais que c'est vous qui avez détruit leur courage par le peu de cas que vous faisiez de leur existence. Vous n'avez jamais rien fait pour eux que de
les exploiter à votre ambition. Mais la nation est trop
généreuse et le Roi trop juste pour ne point faire cas
de leur dévouement à la patrie. Ils ont été trompés et
abandonnés par leurs généraux, le Roi les conserve
et remplira à leur égard tous les engagemens et toutes
les promesses que vous leur aviez faites, et qu'il n'était
point en votre pouvoir de tenir. Mais à l'égard de vous,
Messieurs les généraux et administrateurs infidèles et

parjures, comme vous êtes de grands fripons et de grands scélérats, et comme je tremble pour mon peuple, je vous pardonne, jouissez en paix du fruit de votre industrie; mais accordez-moi la paix, puisque je vous conserve l'impunité.

O Français ! ô mon Roi ! Malheur, oui, honte et malheur à une nation qui n'ose attaquer la tyrannie exercée par une poignée de brigands audacieux qui regorgent des richesses et des dépouilles du monde, par la seule raison qu'ils sont forts de leurs richesses et de leur audace.

J'admets cependant que ces voleurs aient une pleine et entière confiance dans une telle déclaration ; ce qui ne peut être, sous aucun rapport, car ils savent trop se rendre justice pour croire qu'ils méritent une générosité si déplacée et dont certes ils ne seraient pas capables, s'ils s'emparaient encore de l'autorité souveraine. Mais quel exemple, cette faiblesse, (car ce ne peut en être qu'une, si ce n'est point un crime), ne donne-t-il point aux ambitieux, et quel découragement terrible dans ses conséquences, une telle conduite ne donne-t-elle point aux amis du Roi et à tous les Français, victimes de ces éternels ennemis du bonheur du monde. Ils ont attiré, par la conspiration la plus étendue, le crime le plus raisonné, des calamités incalculables sur la France par la présence d'un million d'étrangers venus pour les exterminer, et le Roi devient par sa clémence le protecteur de ses bourreaux et de ceux de ses sujets. Ils ont attiré sur la France des frais immenses, et des malheurs sans remèdes seront peut-être la suite funeste de leur conduite criminelle, et le Roi n'ose leur en faire âu moins payer les frais. Oh ! que le Roi est trompé sur les devoirs qu'il a à remplir ! Que les ministres sont coupables ou que les Français sont lâches !

Il faut, pour éviter la guerre civile provoquée par une poignée de factieux qui n'ont aucun pouvoir pour l'établir, mais qui ont l'audace de nous en menacer, les laisser jouir en paix des dépouilles du monde ; il faut les laisser disposer à leur aise de la fortune qu'ils ont acquise aux dépens du sang et du bonheur de ceux qu'ils nommaient leurs concitoyens ; il faut laisser, aux plus grands conspirateurs, la liberté de vendre ce qu'ils appellent leur propriété, et d'en faire passer la valeur où ils le jugeront convenable, tel que l'assassin du duc d'Enghein vient de le faire à Londres, en plaçant dans les fonds publics une petite *somme de trente-six millions.*

Voila, Français, la protection que l'on vous avait promise ; voila la punition des scélérats qui, depuis vingt-cinq ans, ont accablé l'Univers de toutes sortes de crimes ; il faut encore que leurs malheureuses victimes soient écrasées pour payer les frais provoqués par leur infâme conduite. Un tel exemple est inconcevable ; il ne peut être que le fruit de la plus noire trahison. Oui, Français, le Roi et la France sont trahis ! On veut perdre l'un et l'autre pour s'assurer l'impunité. Un tel acte n'a jamais existé ; il est contre la raison, contre toutes les lois divines et humaines ; il devient dangereux ; il est affreux, injuste et de plus impolitiques, si l'on veut servir le Roi et la patrie. Braver ainsi par l'injustice l'opinion publique, c'est l'armer contre le Roi et le gouvernement, c'est directement provoquer la guerre civile, c'est un acte de despotisme affreux.

Il faut que toute raison, tout intérêt cèdent à la justice et à la nécessité de donner un exemple au monde; c'est la justice qui est le premier principe d'un gouvernement qui veut être équitable; il doit attaquer tous les criminels et tous les voleurs, et ne souffrir aucun genre d'oppression. Il doit s'occuper du bonheur général, et ne pas faire, comme les révolutionnaires, sacrifier toujours les bons Français pour assouvir l'ambition des méchans : voila le seul moyen d'être juste.

Le Roi ne doit point se laisser entraîner par les faux préjugés ou principes des philosophes modernes, ni par les sophismes dictés par ces prétendus *amis du peuple*, qui ne reconnaissent de respect des personnes que l'existence des factieux, et de respect des propriétés que la jouissance et la force, et non les talens et les vertus qui seuls peuvent l'acquérir. Ces philosophes modernes ne veulent affermir que leurs principes désorganisateurs et s'assurer l'impunité de leurs crimes et de ceux de leurs confrères.

Ce n'est point par des actes de clémence déplacés que le Roi doit chercher à rallier tous les partis; s'il a droit de faire grâce aux criminels, il n'a point celui de priver la justice de ses droits; ils doivent être jugés. Faire taire la loi pour protéger un brigand ou un voleur, c'est perdre mille bons Français que l'on met au désespoir. Le Roi doit éclairer ses sujets sur leurs véritables intérêts; mais il doit le premier leur donner l'exemple du respect aux lois et aux promesses qu'il a faites pour assurer leur bonheur; et il ne peut réaliser ces promesses en leur faisant payer les frais d'une guerre terrible, qui n'a jamais été faite dans leur intérêt, ni à leur profit. Le Roi ne doit point chercher à plaire à ses sujets en faisant taire la justice pour flatter leurs passions et leurs préjugés; éluder la loi pour protéger les fripons, c'est mettre les Français dans la plus cruelle des positions, c'est les provoquer à changer d'état et de gouvernement, pour trouver protection contre ceux dont toujours ils ont été les victimes. Cette politique ne peut jamais être celle d'un Roi, et le ministre qui se la permet ou qui la permettrait, trahirait son prince et sa patrie.

Il ne faut point craindre la richesse et la puissance du crime; la justice doit l'atteindre, n'importe où il se trouve. Ce n'est point en trompant les hommes qu'on les gouverne; c'est de la justice, de la force, de la vérité et de la raison que le Roi doit attendre sa puissance, et les Français leur bonheur; et non de la politique tortueuse d'un ministre. Un Souverain sage ne peut acheter une telle illusion, qui ne peut être que passagère, qu'en sacrifiant les intérêts de son peuple. Un Roi vertueux ne peut se prêter à ce genre d'hypocrisie, que l'on appelle le rafinement de l'art politique, qui n'est employé que par l'intérêt de justifier les abus et les crimes, et qui n'est propre qu'à en reproduire de nouveaux. Le Roi ne doit connaître que les intérêts généraux de la nation, et il ne doit point se laisser entraîner pour ceux d'un parti qui doit être abattu *sous peine de mort;* car, où serait l'espoir de la France, s'il venait encore à s'emparer de l'autorité? Ce parti ne cessera d'avoir une existence que quand il ne sera plus alimenté par l'espoir que lui fera perdre un gouvernement fort et bien prononcé.

Si le Roi continue à se laisser entraîner par une clémence mal raisonnée et toujours injuste, quel sera le malheureux père de famille qui pourra être tranquille sur son sort et sur celui de ses enfans? Où sera la garantie de l'existence et des propriétés des Français? Nous vivons donc dans un siècle bien malheureux et bien corrompu, puisqu'il faut sacrifier la vertu, l'intérêt de l'état et le bonheur de vingt-cinq millions d'individus, à l'ambition d'une poignée de vils et très-vils scélérats; et cela, par la seule raison qu'ils sont trop dangereux? Le Roi veut donc être aussi leur esclave? Il croit donc qu'en faisant ce sacrifice, qui détruit sa puissance, ils en seront plus sages, et qu'ils ne conspireront plus sa perte? Mais, où est la garantie du Roi et de la France contre cet acte d'injustice exercé contre toutes les lois par la faiblesse, et dicté ou conseillé par le crime? Est-elle dans leur parole d'honneur? ils n'en ont jamais eue; est-elle dans leurs sermens? ce ne sont que des parjures; et à cet égard ils ont fait leurs preuves, non pas une fois, mais autant qu'il a été nécessaire à leurs intérêts et à la conservation de leur pouvoir. Leur amour pour le bien public ? à la bonne heure, il le tienne depuis long-tems, le tiendront toujours, et ne le lâcheront que par la force.

L'exil! ô la grande sûreté que les ministres ont trouvée ! que les Français doivent être tranquilles d'après une telle mesure dictée par le rafinement de la politique la plus libérale. Quel machiavélisme ! qui peut y comprendre quelque chose, et quel est le téméraire qui osera dire que toutes ces mesures ne conservent point les ennemis de l'état? Qui pourra les assurer eux-mêmes, ces éternels révolutionnaires, que les successeurs du Roi ne reviendront pas sur un tel acte d'une trop grande clémence, exercé contre la loi et la justice? Non, jamais ils ne trouveront de sûreté dans cet acte de faiblesse, et tout sera employé par eux pour établir un gouvernement composé de scélérats comme eux, pour avoir une garantie telle qu'ils auront droit de l'exiger, de celui de leurs confrères qu'ils auront mis sur le trône.

O malheureux Princes Français! et vous, trop malheureuse France! Serez-vous victimes de la perfidie des courtisans qui abusent de la bonté et du cœur du Roi? Sera-t-il encore abandonné? Déja ses plus fidèles sujets désespèrent, ses ennemis les travaillent dans tous les sens pour augmenter le nombre des mécontens; tout leur est favorable pour détruire la puissance de leur Roi, qui avait promis protection à ses sujets fidèles, et qui les abandonne pour protéger ses ennemis et les nôtres.

Si le Roi ne surveille point par lui-même ses intérêts; s'il accorde une confiance aveugle à ses ministres et à ses courtisans; il se perd et sera renversé de dessus son trône, il sera abandonné de l'univers, et la France sera........ je n'ose et ne puis en dire davantage.

La France démoralisée par l'impunité, verra couler dans son sein de nouveaux fleuves de sang; elle ne sera composée que de misérables qui se couvriront de crimes pour s'enrichir, et de misérables victimes, des assassins et des voleurs. Alternativement les brigands les plus audacieux et les plus féroces deviendront de riches et puissans seigneurs, qui toujours finiront par céder leurs droits, leurs qualités et leurs fortunes à d'autres brigands qui auront été leurs élèves, et qui seront devenus plus forts et plus adroits qu'eux. C'est alors, Français, et dans un tel état de choses qui arrivera si le Roi ne fait point des exemples prompts et très-prompts, que l'on reconnaîtra ce qu'une clémence déplacée produira de crimes, de désordres et de calamités. Chacun alors sera entièrement libre; mais cette liberté n'aura de caractère que celui produit par les passions les plus immorales; il n'y aura plus ni loi, ni vertu, ni honneur. Les guerres civiles produiront de nouveaux brigands, qui multiplieront les assassinats, les forfaits; et la France, les Français et leurs propriétés ne seront plus que le patrimoine du crime. Voilà le seul bonheur et la seule félicité que la France a à espérer en accordant ainsi l'impunité aux factieux.

Si les peuples de tous les tems se sont réunis en société sous un chef suprême; c'est la nature de leur être qui leur a indiqué ce genre de gouvernement, comme le plus convenable à leurs intérêts. Ils ont accordé la souveraine puissance à ce chef pour protéger leur existence, leur indépendance, et pour les défendre contre ces hommes barbares, féroces et injustes, qui n'ont pour moralité que la perfidie, et qui trouvent tous les moyens bons pour s'emparer des fruits des travaux des plus industrieux d'entr'eux, par cela seul qu'ils sont les plus forts et que cela leur convient.

Je le demande aux ministres, le Roi prend-il les intérêts de son peuple et remplit-il les engagemens qu'il a contracté avec les Français comme leur souverain? Se peut-il être là le but que se propose le Roi? Non. Et les intentions et les intérêts des Français sont-ils bien remplis par cet acte de clémence? Non. Le Roi est donc trompé dans ses intentions et la France dans son espoir. La clémence en politique est toujours une faiblesse sous un gouvernement juste; elle n'a jamais fait partie de l'art de gouverner. C'est un droit dont l'autorité absolue des tyrans et des usurpateurs, s'est emparée, pour protéger les agens de leurs crimes contre la justice à laquelle il ne pouvait opposer d'autre frein que la force de leur autorité. Et un Roi n'est point un bon Roi, quand il est injuste et qu'il se met au-dessus de la loi. La clémence cependant dont on se plaint et dont on accuse le Roi, n'est qu'un moyen dont on abuse pour le perdre. Ce n'est point là un acte qui prouve qu'il ne sait point gouverner; c'est une émanation de sa bonté, de son bon cœur et de la grandeur de son ame. Ce n'est point votre Roi qu'il faut accuser, ce sont ses ministres qui ne peuvent s'empêcher d'accorder directement ou indirectement protection à leurs anciens amis.

Que le Roi fasse comme un de ses ancêtres Louis XII,
ce Roi si cher à la France dont Louis XVIII est l'image
vivante, avait ordonné en 1499, et dans ce siècle accusé
d'ignorance, que ses ministres seraient responsables envers lui et envers les lois, de sa clémence, et que toujours ils devaient poursuivre les coupables malgré les
ordres contraires qui pourraient lui être arrachés par
l'importunité. Une pareille ordonnance ôterait aux ministres les moyens terribles d'éluder la loi, en accusant
et rejetant tout l'odieux de leur conduite sur la clémence
ou la faiblesse prétendue du Roi. Ils ne pourraient
alors échapper à la responsabilité de leur conduite, qui
doit être exercée et surveillée par le Roi même, et sur-
tout par la puissance législative.

Dans un gouvernement où il n'y a point de loix
fixes, il n'y a point de stabilité ni de confiance, et
encore moins de caractère national, et tout est dévoré
par l'ambition.

Si l'on veut que la France redevienne heureuse,
c'est, il n'en faut point douter, le but de toutes les
affections de notre Roi et de son auguste famille. Toute
leur gloire et tout leur bonheur sont liés à la gloire
et au bonheur des Français !

Si donc les ministres et les courtisans veulent réel-
lement le bonheur du Roi et le nôtre, il faut qu'ils
prennent tous les moyens pour nous faire redevenir
Français ; il faut rétablir la moralité de nos pères ; il
faut ramener parmi nous ces manières douces, nobles
et généreuses qui faisaient jadis l'admiration des étrangers, et qui de la France faisaient le séjour de la

félicité et du bonheur; mais, pour arriver à ce but si désiré, il faut que le gouvernement et le peuple soient d'une soumission absolue pour les lois qui sont faites pour assurer sa félicité.

Protéger des voleurs et prêcher l'obéissance aux lois, c'est prêcher des peuples que l'on prive de l'ouie, et leur jeter de la poudre aux yeux pour les priver de la lumière. Agir ainsi est, de la part du Roi ou plutôt des ministres, un abus de puissance qui renverse tous les principes de l'ordre social. C'est se jouer des malheurs et de la faiblesse d'un peuple qui n'est étourdi que des maux dont on l'accable, et qui, d'un moment à l'autre (et il ne faut point en douter, les parties sont en présence et n'attendent que le signal de quelques chefs de factieux cachés peut-être auprès du trône), peut se réveiller, dis-je, et écraser enfin tous les auteurs de ses malheurs. On connaît trop la nature du caractère des Français dans les révolutions, et surtout dans l'état d'immoralité où il est, pour ne point trembler sur les suites terribles qu'un tel état de choses attirerait sur la France.

Éluder la loi et ne point frapper les factieux, c'est ne point connaître leur génie infernal, ou c'est le protéger; il ne peut y avoir de milieu.

Ce sont les révolutions et le peu de force du caractère des gouvernemens qui énervent la force et le courage de l'homme vertueux. Les brigands ne se laissent jamais abattre.

Que le Roi soit juste, il sera fort et puissant. Il se soutiendra malgré la horde des factieux à qui il ne faut rien céder. Si le Roi est juste, il relevera en sa faveur l'esprit public ; et alors il sera fort du caractère national. Sous un gouvernement juste et fort, tout se ressent du caractère qu'il inspire, c'est alors que par les exemples et par la pratique d'une morale forte et pure, et non par une fausse politique, l'on pourra chercher à convaincre et à ramener les hommes égarés, par la douceur et par la raison, protégés par l'autorité ; on pourra alors leur faire sentir que leur bonheur individuel dépend de leur respect pour les lois, de leur union, et de la pratique de toutes les vertus douces et paisibles, que leur bonheur est lié à celui des autres hommes, et que tous abjurant leur erreur, ils ne doivent être que des frères. Alors, on pourra leur faire connaître le bien des opinions produites par les progrès de l'esprit humain, pour détruire les absurdités que les révolutionnaires leur ont inspirées, pour leur cacher les vérités utiles qu'elles avaient fait connaître.

Les révolutionnaires ont entr'eux un esprit de corps que les royalistes n'ont point. Ils se protègent l'un et l'autre, parce qu'ils ont toujours été protégés par les gouvernemens qui s'en sont servis. Ils sont tous frères et amis, parce qu'ils étaient les frères et amis des gouvernans. Ils forment dans l'état un ordre ou une horde de brigands indivisible ; mais, s'ils sont plus forts que les royalistes, ce n'est point en nombre ; ce n'est que dans leur audace nourrie par l'impunité qui leur est accordée. Le royaliste, au contraire, n'a jamais été protégé ; il a toujours été écrasé et l'est encore. Aucune protection ne lui est accordée, et aucune justice ne lui est rendue contre ceux qui l'ont toujours accablé; et au lieu de lui donner de l'espoir, on fait tout pour la détruire. Les factieux, au contraire, sont soutenus et encouragés par ceux dont ils défendent les intérêts. S'il y a parmi eux quelques hommes qui ne sont point tout-à-fait dégradés par le crime, ils dissimulent, et dans le secret entretiennent encore leur audace, parce qu'ils ont besoin de leur puissance pour la couservation des richesses et du pouvoir qu'ils ont ou qu'ils ont peur de perdre. C'est l'intérêt particulier de chacun de ceux qui ont des reproches à se faire, qui entretient l'audace de ce parti, et qui établit des opinions qui sont adoptées sans examen par la multitude toujours aveugle; c'est cet intérêt particulier des voleurs, qui entretient les faux préjugés, la haine, la discorde et la division.

Le Roi ne doit point s'entourer de la nation des voleurs; il doit enfin compter la nation des victimes pour quelque chose. Le gouvernement s'isole et se perd, s'il ne daigne point faire droit aux remontrances justes des Français, et écouter les avis qui lui sont donnés par ceux qui ont intérêt à sa conservation, et qui désirent que leur bonheur soit fondé sur la justice.

La France et le Roi ne peuvent rester dans un tel état d'incertitude, sans entraîner les plus grands malheurs. Le Roi n'a que deux partis à prendre, dont l'un peut le sauver, et l'autre le perdre. Si le Roi protège également les voleurs et leurs victimes, il se met au-dessus de la loi; tous les liens qui attachent les

Français à leur auguste souverain seront rompus. Il sera abandonné par tous ses sujets, et sera sacrifié par les révolutionnaires et les voleurs qui ne peuvent avoir aucune confiance dans cette garantie. Le Roi n'est point éternel, il peut mourir demain ; et qui les assure que leurs crimes resteront impunis par son successeur ? Et, comme plus le Roi régnerait, plus ils perdraient de leur force et de leur puissance, ce sera pour eux une puissante raison pour le renverser promptement du trône.

Si, au contraire, le Roi remplit ses devoirs avec les Français, et qu'il ne se mette point au-dessus de la loi ; si, exécuteur suprême de la justice, il ordonne à ces administrateurs infidèles de rendre à la nation les comptes qu'elle a le droit d'exiger de leur conduite, la *France et son Roi sont sauvés*. Tous les Français seront électrisés par cet acte de justice éternel. Le caractère national se développera. L'espoir renaîtra, et tous les Français feront un rempart de leurs corps, autour du trône de celui dont la justice relèvera toute la puissance.

Le Roi alors pourra arrêter cette impulsion donnée aux Français par les révolutionnaires, sur la manie de raisonner politique : laisser au peuple la faculté d'argumenter sur les lois dans un gouvernement juste et stable, c'est entretenir la division, c'est éterniser les abus, parce que chacun juge sur la validité de la loi, suivant ses intérêts particuliers, ou suivant les impressions bonnes ou mauvaises qu'il a reçues. C'est rendre difficiles, les changemens utiles et le bien que l'on peut et que l'on doit faire.

Un peuple qui raisonne sur des affaires qui lui sont
étrangères, puisqu'il est privé des connaissances re-
quises par l'étude pour les comprendre, est indocile
à la voix de la vérité; il est prompt à se laisser sé-
duire par des factieux, qui toujours chercheront à
utiliser son ignorance, pour favoriser leur entreprise
criminelle.

Toutes les puissances de l'Europe en butte depuis
25 ans au système destructeur de la révolution, ont
fait et font encore pour le bonheur des peuples ce
qu'elles auraient dû faire depuis longtems pour le bonheur du monde. Elles se sont toutes réunies pour renverser un pouvoir qui eût fini par embrasser tout
l'univers. Mais ont-elles parfaitement réussi dans leurs
intentions généreuses et dans le but qu'elles s'étaient
proposés.

En 1814, elles ont renversé le tyran, mais elles
n'ont point attaqué la tyrannie. Elles ont cru que cet
arbre de malédiction étant une fois abattu, tout ren-
trerait dans l'ordre naturel, et que la France, ce
beau jardin de l'univers, pourrait, à l'abri de l'expérience, voir renaître ses plantes odoriférantes produites par la sagesse. Mais les racines de cet arbre de
malheur n'avaient point été extirpées; elles étaient
trop vigoureuses, pour que le printems de 1815 ne
vit renaître de cette souche une quantité infinie de
branches, qui devaient encore ombrager l'horison politique. Grands Rois, c'est cette souche qu'il faut attaquer, ainsi que les baliveaux qui entouraient cet arbre,
et qui ne tiraient de suc que de sa racine, dont la vi-

gueur était entretenue par les cadavres des hommes, et la terre arrosée par leur sang. Si vous voulez détruire sans secousses ces baliveaux, desséchez les veines qui ont donné la vie à cet arbre infernal! Otez des mains féroces de ceux qui l'ont planté et cultivé, les moyens de le ranimer. Tant qu'ils auront en leur puissance des engrais pour vivifier sa végétation, ils l'entretiendront, le nourriront pour s'y mettre à l'abri des orages dont ils sont menacés par la justice de Dieu et des hommes ; ils le ranimeront pour empêcher la croissance de toutes les plantes précieuses qui, pour croître, n'ont besoin que d'un air pur et sans nuage, et qui seront étouffées par l'ombre de cet arbre et de ces baliveaux, nourris et engraissés par le crime, et qui n'ont jamais produit et ne produiront jamais que la peste et la mort.

Tous les malheurs dont la France est accablée, ne sont venus que de la présence de ces éternels révolutionnaires dans toutes les administrations ; de ces hommes-pour qui le bonheur du monde n'est rien, et qui, par leur nom et leur présence, inspirent la terreur et l'effroi. Nos malheurs viennent de la présence dans nos armées de ces trop fameux officiers parjures et traîtres, pour qui jamais l'honneur ne fut rien ; lesquels se sentant toujours de l'état qui les a vu naître, n'ont jamais mangé pour vivre, mais n'ont vécu et ne veulent vivre que pour dévorer.

Le Roi vit bien la véritable cause de nos malheurs ; il vit bien que son peuple était écrasé d'impôts, pour entretenir ces dévorateurs du genre humain. Il sentit

la nécessité de faire des réformes : il commença par les
administrations. Ce fut alors, que voulant soulager le
peuple des charges qui l'écrasaient, il fut accusé par
les factieux, qui, par leurs sophismes, entraînèrent les
sots, et tous s'accordèrent à dire que le Roi commen-
çait à exercer des vengeances, en chassant des administrations, des citoyens fidèles *pour la conservation des
bien de leurs concitoyens.* Les sots, dont toujours les
yeux sont obscurcis, furent encore dupes de ces régu-
lateurs de l'opinion publique. Ils ne pouvaient voir que
la plupart de ces bons citoyens actifs, frères et amis,
ne tenaient à leurs places que pour s'assurer la jouissance des biens acquis si légitimement, puisqu'ils étaient
les fruits de leurs talens dans l'art de gouverner dans
les révolutions. Le peuple enfin ne pouvait voir que si
dans cette quantité il s'en trouvait qui n'eussent point
profité de leurs talens, c'est que ces messieurs avaient
voulu, ce qui s'appelle jouir de la vie, parce qu'ils
croyaient éterniser la révolution, et que la France devait toujours être sacrifiée pour entretenir leur inca-
pacité, leur oisiveté et leur insolence.

Cinquante ou soixante mille officiers étaient inutiles
à la France ; le Roi, ne pouvant les employer dans nos
armées, réduites par la paix, les mit à la demi-solde.
Ces hommes pleins d'honneurs et de gloire, qui avaient
tout sacrifié pour la patrie, quoique la plupart d'entre
eux n'eussent de patrimoine que leurs vertus et leurs
talens, crient à l'injustice et se déchaînent avec furie
contre un gouvernement, qui osait ne plus vouloir sacrifier les Français à leur amour pour le bien public.

Mais, MM. les officiers, quel est le but que vous vous êtes proposé en défendant ce que vous appelez la patrie ? Car votre conduite prouve que vous ne défendiez que votre proie. Quelles sont les promesses que la nation vous avait faites ? Vous avait-elle promis de vous prendre pour ses défenseurs ou pour ses maîtres ? Vous avait-elle promis d'éterniser la guerre, et de se faire exterminer toute entière pour la conservation de votre gloire, et pour entretenir votre courage belliqueux ? C'est vous qui avez abandonné dans tous les tems la cause de la patrie, pour servir et être les esclaves des brigands et d'un affreux tyran. Et c'est vous qui vous plaignez de votre Roi légitime, d'une nation dont vous avez servi les bourreaux ; d'une nation qui, pour son malheur, vous a, la plupart, tirés de la misère, et qui vous assure l'existence ! Notre Roi, la patrie pouvaient-ils en faire davantage ? Enfans dénaturés ! fallait-il que le Roi vous laissât toujours le droit d'exploiter la fortune publique ? La France était-elle votre conquête ou votre patrimoine exclusif ? et fallait-il sacrifier, et toujours sacrifier à votre ambition déraisonnée ?

Une des causes de nos malheurs, c'est les crimes des révolutionnaires, qui veulent éterniser la révolution, pour ne point rendre compte de leur conduite. Nos malheurs, c'est la paix du monde ; il faut la guerre à tous ces héros de la révolution ; il faut des dissentions à tous ces administrateurs infidèles : ces hommes-là ne vivent point avec de l'honneur ; c'est de l'or qu'il leur faut, toujours de l'or, n'importe ce qu'il coûte ; le sang des hommes n'est rien auprès de la gloire des Français de fabrique révolutionnaire. Enfin les soldats égarés, trompés par ces officiers parjures et sans honneur, font avec eux cause commune. Des administrateurs se liguent avec les militaires ; tous conspirent ouvertement contre la France et son Roi. Les agens du gouvernement, ceux qui surveillent à sa conservation, ne peuvent croire ou ne veulent point ouvrir les yeux sur ces trames criminelles. Un général, Excelmans, conspire et entretient des correspondances avec l'ennemi de son pays et du monde ; il soutient à lui seul un siége de trois jours contre l'autorité, et l'autorité n'a point la force de l'arrêter, et il sort triomphant de cette lutte scandaleuse ! Le Roi, ce malheureux monarque, est obligé par les factieux de sortir de ses États.

Enfin, il revient, et la France, soutenue et défendue par la générosité des princes alliés, sort, non point victorieuse, mais accablée de misère, de l'abîme où les factieux voulaient l'entraîner.

Quelle est actuellement la position de la France ? Elle est divisée d'opinion, et divisée d'intérêts par les révolutionnaires ; et chacun se demande : le gouvernement est-il assis sur des bases solides ? Tous les Français s'accordent à dire, mais avec des opinions différentes, que non. Les factieux ne désirent que l'absence des troupes étrangères pour réaliser encore des projets affreux ; et ils osent, dans leur audace, donner à leurs exécutions un terme de deux mois.

Les bons Français tremblent, sont inquiets, et gémissent sur le sort du Roi et sur celui de la patrie, et tous aussi s'accordent à dire, que la conduite du gouvernement est toujours là même; qu'il manque de fermeté; qu'il n'ose s'en rapporter à ses forces pour faire le bien qu'il désire; que le Roi se laisse tromper sur sa position et sur celle des Français, et qu'il n'a point l'activité nécessaire pour déjouer les factieux; que les ministres et les courtisans qui l'entourent, s'opposent à ce qu'il ne voie que par leurs yeux, et qu'il n'entende que par leurs oreilles; que le Roi enfin ignore tout ce qu'il devrait savoir, ne voit que ce qu'il ne devrait pas voir, et fait ce qu'il ne devrait point faire.

Que le roi et les princes devraient faire ce que les princes étrangers font et ce que les anciens Bourbons faisaient pour connaître par eux-mêmes la nation et ses véritables sentimens, que ce n'est point dans leurs palais, au sein de l'adulation et de la flatterie, qu'ils peuvent connaître les besoins du peuple, ce qu'il souffre et ce qu'il desire; que ce n'est point dans des promenades faites avec pompe, qu'ils connaîtront ce qu'ils doivent savoir; c'est dans l'incognito le plus secret qu'ils apprendront la vérité de leur situation et de celle de la France. C'est-là, la seule manière de s'instruire, de connaître les maux qu'on a à réparer, et le bien que l'on a à faire. Que les sujets sont heureux quand ils savent que leur prince est présent à toutes leurs actions, que le Roi voit tout, qu'il connaît tout, et que rien ne peut lui échapper. Un Roi alors est adoré, il est considéré comme un père; chacun le desire et chacun espère avoir le bonheur de le posséder, de lui confier ses peines et de lui témoigner directement son amour : tous les sujets d'un tel Roi repo-

sent en paix; ils savent que leur père, leur bienfai-
teur, sait tout, que rien ne peut échapper à sa vigi-
lance, et que ses ministres ne peuvent lui en imposer.

Notre cause est celle de toutes les nations : les puissances alliées ne peuvent rester indifférentes sur tout
ce qui se passe; elles doivent elles-mêmes provoquer
une punition exemplaire des auteurs de leurs maux
et des nôtres; elles y sont intéressées pour la sûreté
et le bonheur de toutes les nations; elles ne peuvent
rester long-tems en France; leurs armées sont trop
influencées; l'esprit du soldat peut se perdre; les
factieux les travaillent en tous sens pour les égarer.
Il n'y a qu'un seul remède à tant de maux dont la
France et l'Europe sont encore menacées : c'est un
exemple juste et terrible, et cet exemple est de détruire la fortune colossale de tous les conspirateurs,
et de faire regorger tous les administrateurs infidèles
et tous les voleurs. On le doit pour l'exemple du
monde, puisque ces richesses ne sont que les pro-
ductions du crime. Ne point le vouloir, c'est ne point
vouloir le bonheur des hommes; c'est laisser la loi
sans action : c'est protéger l'expropriation, le vol,
l'assassinat; c'est vouloir toujours conserver parmi
nous des monstres affreux qui, par ce qu'ils ont fait,
sans autres moyens que leur audace, doivent nous
prouver, d'après leur expérience dans l'art suscité par
l'enfer pour révolutionner, ce qu'ils sont capables de
faire, actuellement qu'ils sont riches et puissans. Cette
cause est celle de l'univers : que les augustes princes,
nos alliés, pendant qu'ils sont en France pour notre

bonheur et celui de leurs sujets, se réunissent avec notre auguste monarque ; leur cause est commune : ce sont leurs voleurs, et ce sont les nôtres. Qu'ils forment entr'eux un tribunal suprême divisé en plusieurs sections, dont chacun des souverains nommerait un juge. Qu'une de ces sections remplisse les fonctions de juri européen d'accusation, et que ce juri indique au tribunal suprême les conspirateurs et les voleurs des biens des nations. Que l'on s'empare de ces biens pour indemniser l'Europe des pertes qu'ils lui ont fait éprouver, et que le Roi et les augustes alliés ne fassent point supporter aux bons Français les charges accumulées par ces brigands. Le Roi et les princes généreux qui le protègent, seront considérés comme les sauveurs et les vengeurs des nations ; et les Français feront connaître à la postérité qu'ils ont été sauvés et vengés par les ennemis des tyrans et de la tyrannie.

L'Angleterre, cette puissance si généreuse, peut rendre à l'Europe le plus signalé service, en la purgeant des tigres qui la dévorent : elle a des possessions immenses ; elle a besoin de bras ; elle peut les utiliser et nous délivrer des ennemis du genre humain.

Vous tous, bons Français, amis du Roi et de la patrie, rallions-nous autour du trône de saint Louis et en présence de nos alliés qui sont nos frères ; donnons-leur la preuve la plus sincère de notre dévouement à la paix et au bonheur des nations ; invoquons tous le Roi, la loi et la justice. Vengeance au nom de ces lois ! Français, vengeance ! soyons par ce cri les interprètes de toutes les nations ; que ce cri soit celui universel, qu'il retentisse dans tous les coins du monde ; c'est le seul moyen de sauver l'Europe , le Roi et la France. Courons tous au pied du trône de Louis-le-Désiré ; épanchons nos inquiétudes dans son sein ; que toutes les villes de France, que tous les habitans de ces cités ravagées et accablées de toutes sortes de maux et de misère, se réunissent ; que les cultivateurs épars dans les forêts raniment leur courage. Les maux qu'ils souffrent ne sont point l'ouvrage de leur Roi ni des princes alliés ; c'est l'ouvrage des révolutionnaires et des factieux dont ils sont les victimes. La faim, le désespoir, la dévastation et la mort sont les fruits de leur parjure, de leurs scélératesses et de votre trop peu de confiance dans celui qui vous gouverne, et qui ne veut que votre bonheur.

Français, l'autorité de la raison , la confiance que vous devez avoir dans les vertus du meilleur des rois, et l'expérience du malheur, doivent vous avoir assez instruits, pour vous défier des révolutionnaires qui ne vous caressent et ne vous tourmentent que pour vous sacrifier. N'ont-ils point toujours violé les promesses qu'ils vous ont faites? et n'ont-ils point toujours couvert du voile de l'utilité publique , les vexations cruelles qu'ils vous ont fait éprouver, pour assouvir leur ambition et leur soif ardente des richesses ?

Prononcez-vous donc avec énergie et avec force pour votre Roi, et les souverains alliés sont trop grands et trop généreux pour ne point faire cesser les maux qui vous accablent. Que tous les Français fassent retentir le ciel et la terre qui n'attend que ce vœu bien prononcé pour nous protéger. Amour et fidélité éternelle au Dieu et au trône de nos pères ! Alors le dieu qui soutient les empires et défend les vertus, écoutera nos plaintes et nos alarmes ; le Roi sera inspiré par le Roi des Rois ; il connaîtra notre position, ce que nous avons éprouvé, et notre espoir ; et on ne peut se le dissimuler, notre attente serait terrible si le crime restait impuni.

Il ne peut être au pouvoir d'un Roi d'arrêter ni de suspendre le cours de la justice ; il brise par cet abus les liens qui retiennent ses sujets sous sa dépendance ; il perd leur amour et leur respect ; il est victime de son orgueil ; il succombe au mépris, à la haine ; et finit enfin par être renversé du trône. La justice perdue sur la terre, doit se retrouver dans le cœur d'un Roi ; c'est la première de ses vertus. Abusé par la clémence de la justice, c'est pour faire le mal, s'ôter les moyens de faire le bien. Le respect d'un souverain pour la justice est le plus bel exemple qu'il peut donner à ses sujets pour leur soumission. La force pourrait les contraindre ; mais le Roi ne l'a pas : ce n'est point un tyran ; ce ne peut être que la justice seule qui détermine les peuples, parce qu'elle est protectrice de l'intérêt général : les princes ne doivent point sacrifier ce qu'elle ordonne pour protéger ce qu'elle condamne : leur mission est d'assurer au peuple son bonheur, et il ne peut en jouir que par la réunion de tout ce qui est juste et conforme aux principes de la morale qui seule forme, soutient et consolide les états. La liberté est éternelle ; rien ne peut la détruire, puisqu'elle est

émanée de-la-raison et des droits les plus sacrés de la
société. Les rois ne sont établis sur la terre que pour
la conserver et la faire, respecter. La liberté et l'égalité, c'est la justice. Toute loi injuste ne peut en être
une; c'est un acte de tyrannie et toujours un abus d'autorité. C'est la loi seule, quand elle ne s'écarte point
de la justice, qui forme la vraie liberté civile.

Le Roi est l'inspecteur-général de la raison; et comme
la raison est un principe inaliénable de la justice, il doit
détruire toute doctrine et tout parti qui tend à détruire
le gouvernement par des actes contraires à la justice.
Si le Roi est incertain sur ce devoir, qu'il en appelle
aux sages de la nation, aux docteurs de la loi, à nos
législateurs, hommes instruits et indépendans de toute
opinion qui n'est point d'accord avec la raison; ils ne
pourront, au détriment de la justice, protéger des
principes politiques peut-être pour quelques-uns, mais
toujours destructifs de l'ordre naturel.

Soumission à la loi, à la justice, et protection aux
sujets fidèles qui y sont et s'y sont toujours soumis,
voilà les devoirs du souverain; et les principes sur lesquels ils sont appuyés sont la raison, la loi divine et
humaine, et la saine morale. C'est l'ignorance ou la
mauvaise foi qui les viole, et qui par suite produit toutes
les dissentions qui perdent les gouvernemens.

Si ces grands philosophes révolutionnaires qui ont
gouverné la France, n'avaient point violé les principes
immuables que dicte la justice, ils n'auraient point
rompu les liens qui attachaient le peuple au gouvernement. Les moyens qu'ils ont employés pour asservir la

raison à la justice, doivent être employés par le gouvernement pour asservir le crime à la vertu. Ils doivent être employés, pour prévenir les troubles que doivent produire les différences d'opinions qui sont émises par l'audace des factieux, et qui sont défendues par la raison, qui, si elle n'est point soutenue par l'autorité de la justice, finira par succomber dans cette lutte aussi cruelle que scandaleuse.

Si un accord parfait n'existe point dans les pouvoirs qui constituent la force de l'État; si l'un par ses prétentions injustes veut anticiper sur les pouvoirs de l'autre, de là nécessairement naîtront des discussions et des préventions qui s'élèveront contre ces prétentions. Ces discussions sont scandaleuses; elles divisent les peuples, qui y prennent une part très active; elles répandent la terreur, ou au moins l'inquiétude, parmi les bons Français, qui n'osent émettre une opinion qui, quoique juste, peut les exposer envers ceux qui l'auraient condamnée. Ces discussions n'intéressent le peuple qu'en raison des résultats plus ou moins favorables qui doivent en être la suite. Ainsi, je ne vois la publicité des discussions du corps législatif, que comme un moyen de réveiller les passions des hommes et d'entretenir parmi nous cet esprit de parti qui doit être détruit.

Les révolutionnaires, surtout ceux qui ont commencé et soutenu la révolution, et qui, les premiers, ont recueilli les lauriers qu'elle a produit, soit par intérêt, soit par orgueil, défendront toujours leur affreux système; jamais ils n'abandonneront leurs prétentions.

Ces hommes qui, de gueux qu'ils étaient, sont devenus riches et fripons, conserveront de la considération parmi les sots et les jeunes gens qui n'ont point été témoins de leurs exploits ; ils auront de la considération en raison de leurs richesses, de leur vieillesse, de leur science dans l'art de gouverner *dans les révolutions ;* et ainsi ils abuseront toujours de la faiblesse de l'esprit de ceux qui, comme saint Thomas, ne veulent rien croire, parce qu'ils n'ont rien vu.

Les Rois ne doivent jamais méconnaître que leur gouvernement n'est établi que pour obliger les hommes à faire ce qu'ils doivent, et que ce qu'ils doivent faire leur est indiqué par la nature, la raison, la vérité et la justice.

Le Roi ne doit dépendre d'aucun parti ; la justice doit être la règle de sa conduite. S'il s'intéresse pour une opinion, elle devient bientôt celle de tous ceux qui l'entourent ; il ne sait plus la vérité ; il ne sait que ce qu'il croit et prétend savoir, et il ignore ce qu'il ne devrait point ignorer.

Dans la conduite du Roi, on s'aperçoit bien des vues politiques de ceux qui l'entourent, mais on n'aperçoit point les avantages que le souverain et la France peuvent en retirer. C'est cette fausse politique qui nourrit la haine, rend les royalistes odieux aux révolutionnaires, et ces derniers aux amis de la justice, du Roi et de la patrie. Les avantages que le Roi peut se proposer par une trop grande latitude donnée à sa clémence, sont imaginaires, et les fautes sont réelles. J'ai peine à croir-que le Roi se conduisît ainsi s'il agissait d'après lui-même. Si ceux qui l'entourent croient le servir, ils se trompent, ils sont dans l'erreur ou veulent le perdre, en se servant de la force et de la puissance du meilleur des Rois pour seconder des vues injustes. En favorisant ainsi les passions des factieux, c'est les rendre plus méchans et plus audacieux. Voilà le tort que les courtisans font au Roi et à son autorité. Il se déclare ainsi le chef d'un parti, et c'est là la plus grande faute qu'il puisse faire, puisque tout parti, toute faction ne tendent qu'à diviser les citoyens, et que l'intérêt de l'État est de les réunir; et il ne peut le faire que par la justice, qui seule peut lui conserver l'amour des Français. S'il agit autrement, il se perd, et n'a plus alors, comme les factieux, que des partisans; au danger de diminuer l'amour et le respect de ses sujets; le Roi s'avilit en suspendant l'action de la justice sur les coupables; il n'est plus ce qu'il doit être, le chef suprème de la loi; il rentre dans la classe de ses sujets, et tous deviennent ses égaux. Le Roi est trop élevé par la loi pour s'abaisser à prendre parti pour telle ou telle opinion; il ne peut le faire sans encourir les plus grands dangers.

La loi et la justice doivent enfin frapper et imprimer la terreur sur le front du crime, telle que la férocité des méchans l'ont fait supporter à l'innocence et à la vertu. Les mânes des malheureux Français et la nature entière crient vengeance contre les exterminateurs du genre humain; depuis trop long-tems les mains de leurs bourreaux trempent dans le sang des hommes: tout recule à leur aspect, tout s'épouvante d'horreur et d'effroi; l'enfer les réclame et s'entr'ouvre pour les recevoir : le ciel et la terre les repoussent de leur sein : leur souffle est empoisonné ; toutes leurs actions sont criminelles ; l'injustice seule les protège.

La France est, comme en 89, divisée d'opinions et divisée d'intérêts ; la différence est qu'en 89 c'était le crime caché sous les haillons de l'hipocrisie, qui faisait la guerre à la vertu. Actuellement c'est la vertu qui succombe sous le crime exercé par des hommes couverts d'honneurs de pouvoirs et de richesses. Il faut, oui, il faut pour relever le courage abattu des bons Français, leur rendre cette justice qu'ils ont droit d'attendre, qu'ils implorent et qu'ils réclament. Il faut, pour ranimer le caractère national, que nos représentans ne rougissent point d'abjurer, à la face de l'univers, toutes les erreurs et les faux préjugés qui retiennent la nation dans l'esclavage et qui empêchent le déployement du véritable esprit public.

Nous avons reçu ainsi que le Roi, de grandes leçons ; elles ont été terribles ; il faut en profiter et ne point encore nous laisser éblouir par ces maximes erronées de cette fausse philosophie de siècle, qui nous feraient encore perdre de vue les fruits de l'expérience.

Nous avons été tirés par la providence d'un état qui devait nous perdre. Nous sommes épuisés par les révolutions, par la guerre, par les mauvaises administrations et par les administrateurs qui depuis 25 ans ont gouverné la malheureuse France ; c'est ce qui doit nous faire sentir la nécessité absolue de nous réunir tous autour du trône de celui qui, par la justice, peut seul essuyer les larmes de ses enfans.

Pour bien gouverner, tout dépend des instrumens dont les Rois se servent.

Les Français, en général, sont actuellement comme les peuples de tous les tems et de tous les pays; ils sont insouciants; ils n'ont de caractère que celui qui leur est inspiré par le gouvernement et les administrations qui les dirigent. S'ils sont vertueux, s'ils aiment leur Roi, c'est la plupart par penchant naturel, car, hors la liberté et la justice qu'ils idolâtrent sans savoir les devoirs qu'elles leur prescrivent; tout est le fruit des passions qu'ils éprouvent, et de ceux qui leur sont inspirés par les lois qui leur sont données.

Aucun peuple sur la terre n'est aussi aisé à gouverner que le peuple français; la révolution doit en servir d'exemple; malgré son esprit d'indépendance, il est naturellement esclave des préjugés qu'on lui inspire, et du gouvernement qui le dirige; il n'agit que suivant les passions bonnes ou mauvaises de ceux qui le gouvernent,

Un exemple frappant de l'influence terrible que les administrations ont sur les peuples et sur les gouvernemens, suffira pour donner la preuve de ce que j'avance. Je n'entrerai point ici dans une dissertation sur l'influence trop connue que les lois ont eue sur nos mœurs et sur nos habitudes; j'examinerai seulement l'influence qu'ont eue sur les peuples et sur les lois, les différentes administrations qui ont dirigé la police de Paris et celle de la France : c'est cette administration sans laquelle la loi n'est rien, puisque c'est elle qui lui imprime cette force et cette puissance qu seules peuvent la faire respecter, qui est la cause de tous les malheurs qui ont accablé la France, Je peux démontrer comme témoin irrécusable de nos dissentions, que c'est la conduite détestable de cette administration qui fut cause de toutes les révolutions qui se sont trop souvent succédées et agitées en France. Quel est celui parmi les employés qui la composent, qui s'est sacrifié pour, en luttant contre les factieux, assurer l'exécution de la loi? Un seul, le vertueux Bailly, a fait à son pays ce généreux sacrifice qui doit faire la honte de la conduite de ses successeurs, puisqu'il n'a pu leur servir d'exemple. Où est, dans cette autorité, l'administrateur fidèle à ses devoirs, impartial comme la loi qui le fait agir, qui ait lutté contre les factieux dans les momens les plus affreux dont nous avons été les victimes? Aucun. Cependant, dans tous ces momens de troubles suscités par l'ambition et la férocité, il n'existait point de loi qui autorisât les attroupemens, les massacres, le pillage, le viol des personnes et des propriétés; jamais aucune loi n'a paralysé le pouvoir que la police, et que chacun de ses agens avait en particulier d'arrêter dans leur origine les révoltes partielles qui ont enfanté tous les crimes de la révolution; et jamais aucune loi ne leur a ôté le pouvoir et le droit d'en arrêter les auteurs. Elle seule s'est rendue coupable et complice de tous les crimes qui se sont commis, puisqu'elle seule pouvait et devait les arrêter. Ce n'est que par l'influence terrible qu'elle a su inspirer par un machiavélisme intolérable sur tous les événemens de la révolution, qu'elle est cause de toutes ces scènes d'horreurs qui ont tant affligé l'humanité. La police ne peut alléguer qu'il n'y avait point de force publique à sa disposition, car elle a toujours su en trouver pour arrêter l'élan national des bons Français. La garde nationale de Paris a toujours été imposante, tant par la force que par le bon esprit qui l'a toujours animée ; elle a été dans tous les tems, et elle en a donné des preuves, disposée à obéir aux lois : si elle n'a point agi, c'est la police qui ne l'a point requise dans ces momens terribles qui ont accablé la nation ; elle a toujours attendu que les maux soient à leur comble ; et au lieu d'arrêter les malheurs dans leur source, elle les a laissé s'étendre, et les a protégés ainsi, soit directement, soit indirectement.

Je pourrais citer ici nombre de faits qui prouveraient combien est grande la culpabilité des agens de la police, et qui feraient voir, clair comme le jour, que jamais ils n'ont protégé que les factieux et que les événemens, même les plus terribles de la révolution, auraient pu être arrêtés par eux avec la plus grande facilité. Pour en être convaincu, il suffira à tous les Français de lire l'histoire de la révolution : alors ils connaîtront les coupables.

C'est la police qui toujours a paralysé l'esprit public, la force nationale et la loi même, pour servir les révolutionnaires, dont beaucoup de ses agens faisaient partie, c'est dans l'espoir d'avancer ou de conserver leur place, qu'ils ont ainsi trafiqué de leurs devoirs ; ce sont eux enfin, c'est leur conduite détestable qui est la première et la dernière cause de nos malheurs. Ainsi, conserver ces administrateurs infidèles qui, aux dépens de toute la nation, ont fait leurs affaires, ce serait conserver les principaux agens des révolutionnaires ; ce serait encore vouloir la perte du Roi et celle de la France.

La révolution doit nous servir de flambeau pour nous dessiller les yeux. Le peuple et les soldats ont été assez long-tems le jouet et les victimes des gouvernans. Ce ne sont point les lois qui ont servi de guide à tous ces administrateurs, ce n'est que la soif du pouvoir et des richesses ; les conserver et ne point leur faire rendre de comptes, c'est consacrer l'impunité et faire l'apologie de l'infidélité; c'est enfin prendre les honnètes gens et les bons Français pour des sots.

Le Roi ne saurait être trop sévère dans le choix de ses administrateurs et envers les infracteurs de ses volontés. Ce n'est que du choix de ceux qui formeront les administrations, que dépendra la régénération de l'esprit public : ce sont eux qui doivent servir d'exemple aux Français, qui toujours se conformeront à ce qui leur sera prescrit par des hommes sages et vertueux, revêtus de pouvoirs émanés du roi.

Les peuples gouvernés avec justice, sagesse et douceur, respecteront leurs administrateurs sans les craindre; ils seront les sujets de la loi et les amis du souverain ; ils abjureront leurs erreurs, et ils seront attachés à leur gouvernement par les liens indestructibles du bonheur. Sous le règne de la justice, ils

ne seront plus tyrannisés par des tigres qui ne voyaient
dans les Français qu'un vil troupeau à exploiter, et
que des esclaves à sacrifier à leurs caprices et à leur
féroce ambition.

Si le Roi emploie, faute de les connaître, des fripons, et qu'il ne sévice point avec sévérité contre les
voleurs et les infracteurs aux devoirs qu'il leur prescrit
pour le bonheur de ses sujets, les Français ne sortiront
point d'esclavage ; ils seront toujours sous le joug de
l'anarchie et des voleurs, qui s'inquiètent fort peu des
murmures du peuple, parce qu'ils trouvent les moyens
d'empêcher que leurs plaintes, puissent arriver jusqu'au
trône.

Les Français en général sont amis du Roi, de l'ordre
public et de la paix ; ils n'ont toujours été que les dupes
et les victimes de ceux qui les ont gouvernés et admi-
nistrés. Le Roi et ses ministres ne peuvent trop sur-
veiller la moralité des agens de leur autorité, et prendre
garde qu'ils ne fassent plus que n'exigent leurs devoirs.
Les peuples ne sont point le patrimoine des agens du
gouvernement ; ils sont les enfans du Roi, ils ne doivent
être esclaves que de la loi : et si on ne doit rien céder
au peuple, il faut du moins être juste.

Je me résume, et sans haine et sans crainte, j'ose
conclure, que les Français ne peuvent et ne doivent
payer les frais d'une guerre qui n'a jamais été faite à
leurs profits.

Je conclus, que les soldats doivent être récompensés
par ceux qui, aux dépens du sang qu'ils ont versé, ont
du fruit de leurs victoires.

Je conclus, qu'en général les frais de la guerre ne peuvent être supportés par ses victimes, et qu'ils ne doivent être payés que par ceux qui se sont enrichis de nos dépouilles et de celles des peuples nos voisins.

Pour connaître ceux qui doivent supporter ces frais, il serait établi à la Cour des Comptes un tribunal suprême, où seraient appelés à rendre compte tous administrateurs de deniers publics depuis la révolution ; bien entendu que la fortune acquise par suite de nos victoires, doit faire partie des deniers publics, vu que ceux qui y ont contribué étaient payés par l'État.

Chacun de ces administrateurs sera tenu de prouver l'origine de sa fortune. Si elle date depuis l'origine de ses fonctions publiques, il sera déduit sur la masse de cette fortune le traitement d'activité de cet administrateur, qui lui sera alloué à titre de retraite. Sur le surplus, il en sera pris la moitié à titre d'indemnité pour la France et pour payer les frais de la guerre : cette moitié sera vendue au profit du trésor royal ; l'autre moitié restera entre leurs mains, sans pouvoir l'aliéner. La moitié des revenus en provenant sera affectée à assurer une haute paye à tous les militaires qui ont servi dans la révolution, tant à ceux qui sont en activité qu'à ceux qui sont en retraite, et à assurer les gratifications aux membres de la légion d'honneur. Cette moitié, dont partie est laissée ainsi à titre de gratification aux administrateurs, sera après leur mort restituée à l'État. La portion des biens laissée entre leurs mains comme retraite, à titre d'activité, leur sera laissée en toute propriété.

Comme il est nécessaire que le Roi connaisse la moralité de ceux qu'il veut charger de fonctions publiques et administratives, et que la protection n'est le plus souvent que le fruit de l'intrigue, il serait établi par lui une commission de vingt-quatre personnes, d'une moralité et d'un dévouement absolus au souverain et à la patrie.

Toute personne nommée à un emploi, tel qu'il soit; ne pourrait l'exercer, que préalablement il n'ait obtenu de cette commission un certificat de moralité et de bonne conduite dans la révolution.

Ces certificats ne seraient donnés, qu'après qu'il aurait été pris par la commission les renseignemens les plus précis sur les réclamans, et dans tous les lieux où ils auraient pu établir domicile ; pour l'obtenir, il faudra prouver exactement l'emploi de son tems.

Les ministres seront responsables des employés qui, sous leurs ordres, exerceraient quelques fonctions, sans être munis chacun d'un certificat.

Actuellement, on m'accusera peut-être d'être plus royaliste que le Roi lui-même. C'est là où j'attends ces prétendus philosophes des grandes idées libérales, qui, par ce sarcasme, cherchent, comme dans l'ordre de l'éteignoir, à tourner aussi en ridicule quelques amis de la justice, de la raison et de la vérité, et sur-tout les amis de celui dont ils ont juré la perte.

Mais, malheureux hypocrites déhontés, habitués à jouer tous les rôles les plus vils ; croyez-vous qu'un bon français puisse être dupe de vos intrigues et d'un mot si vide de sens. Le royaliste, en défendant la royauté, défend sa patrie, parce qu'il est persuadé qu'elle ne peut être gouvernée pardes hommes tels que vous. Il aime le Roi , parce qu'il est vertueux et qu'il est le père et l'ami de ses enfans. Vous dites qu'il ne sait point gouverner ; c'est le seul fait où les royalistes soient d'accord avec vous. J'en conviens, il ne sait point gouverner des hommes comme vous ; c'est un tigre qu'il vous faudrait. Mais il nous convient ; et la différence qu'il y a de vous à lui, c'est que ni vous ni vos gouvernemens ne nous conviennent. Au surplus, que demande un bon Frrançais, qui ne peut être que royaliste, s'il ne veut point dégénérer de sa qualité d'homme, en faisant partie de cannibales tels que vous ? Il veut des comptes, et il a droit de les exiger des administrateurs de ses deniers. Dans tous les cas, je ne veux point la mort du pécheur, je veux seulement qu'en lui laissant une honnête aisance, on lui ôte les moyens de se perdre entièrement, et de nous entraîner avec lui dans un abîme éternel.

Je sais fort bien qu'il ne faut pas trop vouloir, mais en vérité ; il le faut assez pour être juste, *quoique cela ne fût jamais un de vos défauts.* Je sais que ce n'est point par des secousses violentes (et j'espère que vous en savez encore quelque chose) que l'on affermit les principes de la morale et de l'ordre public ; mais aussi je sais qu'un voleur est un voleur, dans tel état qu'il se trouve, et qu'il doit être atteint par la justice.

Ces principes, j'en conviens avec vous, sont vieux ; ce sont ceux de l'ancien régime ; ils ne peuvent vous convenir dans ce siècle de lumières ; vous y voyez trop clair sur vos intérêts. Mais, en vérité, en vérité je vous le dis, que c'est là le seul moyen pour ne point entretenir votre audace, et pour mettre un obstacle éternel à vos grands projets, qui tendent à vous assurer le bien du monde.

Je ne puis m'empêcher ici de faire une réponse à des sorties violentes faites déjà par un ami des grandes idées libérales contre la représentation nationale, *imprimées et autorisées* par je ne sais qui, sur le *Journal Général* du 9 septembre, où il est dit, en parlant de la convocation du corps législatif : « Que quelques per» sonnes conçoivent déjà des craintes sur l'esprit qui » doit animer la majorité des représentans de la nation, » et diriger leurs opérations. »

Mais, Messieurs, vous êtes dans l'erreur, personne ne conçoit des craintes ; au contraire, tous les Français espèrent et sont persuadés que toutes les opérations des sages de la nation seront basées sur la justice, et qu'ils n'accorderont de protection à aucun parti, qu'ils ne se laisseront dominer que par la raison, la vérité, l'honneur et la vertu. Vous tremblez....... vous avez donc quelques reproches à vous faire, pour chercher déjà à influencer ceux en qui toute la France met son espoir? Mais, puisque vous voulez bien reconnaître à ces nouveaux représentans, de la probité, des lumières et de l'amour pour le bien public : bien entendu que cet amour-là n'est point de l'amour révolutionnaire, puisqu'ils sont vertueux, et que vous déclarez qu'ils ne sont point aveugles ; où peuvent donc être vos craintes? En vérité, j'y vois que je n'y vois rien.

Mais vous dites que l'on redoute de voir prédominer dans cette assemblée certaines idées, certains préjugés politiques qui ne sont point d'accord avec l'opinion et l'intérêt de la nation, et qui sont même en opposition avec la volonté exprimée du monarque, et le système du gouvernement qui est son ouvrage.

Expliquez-vous, Messieurs, et ne laissez point ainsi dans l'inquiétude ceux que vous voulez avoir la libéralité d'éclairer. Qu'entendez-vous par ces idées et par ces certains préjugés, qui ne sont point d'accord avec les opinions et les intérêts ? Que nous importe ce galimatias, où le diable, qui vous a toujours inspiré, n'y connaîtrait goutte. Il suffit, puisque vous dites que nos représentans sont probes et éclairés. Eh bien ! voilà tout ce qu'il nous faut : ils ne peuvent ainsi qu'être justes, et faire notre bouheur. Mais cependant je crois apercevoir le bout de votre oreille : c'est de votre opinion, de vos préjugés révolutionnaires et des intérêts des frères et amis dont vous voulez parler ; mais, en vérité, il n'est point nécessaire de vous masquer, on connaît bien là les amis du bien des Français.

Mais, c'est cette opposition que vous osez mettre en avant, et que vous dites être exprimée par le Roi. Pourquoi lui supposer un orgueil déplacé, qu'il n'a point et qu'il ne peut avoir, puisque lui-même cherche et provoque les lumières des sages de la nation? Et croyez-vous, dans tous les cas, qu'il veuille être un tyran, en voulant ce que la raison, la justice et la nation ne pourraient souffrir ?

Vous osez vouer indirectement aux poignards des

assassins des députés de la nation qui, autrefois, faisaient partie d'un ordre respectable, que vous avez détruit et renversé. Vous osez les faire considérer, ces
restes précieux d'un ordre aussi respectable, comme
des ennemis irréconciliables du bonheur des Français.
Oh ! peut-on pousser la perfidie jusqu'à plaindre des
hommes dont on a détruit tout espoir, et chercher encore à faire croire au peuple français que ces mêmes
hommes, victimes de leur amour pour le souverain,
soient ennemis irréconciliables de la nation ? Et les
parjures qui osent ainsi vouer à l'exécration publique
les plus fidèles sujet du Roi, se disent les soutiens du
trône !

Vous dites que le monarque a fait des sacrifices à la
nécessité et à l'opinion, pour mieux assurer ses droits
propres et véritables, et qu'il faut tout sacrifier à sa
volonté absolue.

Quelle audace, de vouloir ainsi mettre en jeu le plus
respectable des souverains ! Quels sont les sacrifices
que le monarque a fait, ou que vous lui avez fait faire ?
la justice. Quelle est la nécessité d'un tel sacrifice ? Jamais il ne fut nécessaire à un Roi d'être injuste. A l'o-
pinion ? Où est-elle ? Elle est enchaînée par vous, au
nom de celui qui devrait tout faire pour la connaître.
Et l'opinion autorisée dont vous parlez, n'es que celle
émise par l'imposture, le crime et l'immoralité.

Vous osez supposer que le Roi en agit ainsi pour
assurer ses droits ; mais il les tient, et il les tient de
droit naturel, de la loi, de la justice et de l'amour des
Français. Il faut tout sacrifier à sa volonté absolue ;

mais, malheureux conseillers, y sacrifiez-vous, eu cons-
pirant sa perte et celle de la patrie?....

Vous dites que ces représentans que vous signalez
sont des hommes probes et éclairés, et vous feignez ou
supposez de croire que, comme vous, ils ne seront
dominés que par leurs intérêts particuliers, et qu'ils ne
tiennent qu'à leurs vieux privilèges. Mais c'est vous,
traîtres et perfides corrupteurs, qui tenez à ceux de
leurs pouvoirs dont vous vous êtes emparés, et à leurs
richesses, acquises après de si beaux exploits, et que
vous craignez de voir vous échapper; ce sont les
comptes que vous avez à rendre à la nation, que vous
craignez qu'ils exigent. Pourquoi donc déguiser des
craintes qui ne vous sont que personnelles, en déplo-
rant pour la patrie des prétentions qui, à la vérité,
peuvent vous forcer à être plus justes, mais qui feront,
vous n'en pouvez douter, le bonheur de la France et
de son Roi.

Vous dites que de tels hommes, c'est-à-dire des
hommes justes, puisque, d'après votre aveu, ils sont
probes et éclairés, seraient dangereux s'il étaient en
grand nombre dans l'assemblée de nos représentans,
et s'ils pouvaient y faire valoir leur opinion; puis en-
suite, pour ne point faire perdre espoir aux frères et
amis, vous leur assurez que tous les Français sont dé-
terminés, malgré le vœu qui pourrait être exprimé par
les représentans de la nation, à soutenir et défendre vos
prétentions, que vous confondez avec vos droits.

Peut-on, en présence du Roi, et sous la surveillance
des ministres, prêcher avec plus d'audace la guerre

civile, et ainsi opposer la nation à ce que doivent faire
ses représentans ! Et peut-on avec plus d'audace chercher à les influencer et à les intimider !

Ils disent, ces royalistes de quinze jours, que les
principes et les droits dont ils se déclarent les défenseurs, ont été réclamés par la nation, et que le Roi les
a reconnus.

Le Roi a donné la charte aux Français, ils l'ont re-
connue, ils y seront fidèles. Mais cette charte ne prescrit rien d'injuste : elle ne dit point et ne peut point
dire que la nation abandonne ses droits à ceux qui,
comme administrateurs, ont des comptes à lui rendre.

Oui, Messieurs les maîtres dans l'art de gouverner
par la terreur et par l'injustice ; les royalistes et nos
représentans aiment, respectent et sont fidèles à leur
Roi. Ces sentimens élevés de leur parti devraient vous
imposer silence, à vous qui, là, franchement, ne
l'aimez que d'autant qu'il vous assure votre impunité
et vos injustes prétentions. Votre respect pour sa
personne..... Et vous osez le menacer, en lui faisant
craindre des périls et des dissentions, s'il n'obtempère
point à vos sages conseils et à vos grandes vues politiques. Votre fidélité..... Oh ! pour cela c'est trop
fort ; on ne peut exiger l'impossible.

Vous dites encore que ce n'est point assez pour un
zélé serviteur du Roi, de ne point contrarier ses vues,
qu'il faut qu'il s'y conforme, qu'il s'y prête, et qu'il
les seconde avec foi et avec ardeur.

Peut-on pousser l'ironie et la bassesse jusques-là ! ....
On vous reconnaît, lâches et méprisables courti-

saus, bas adulateurs et valets d'intrigues. Les royalistes ne sont point tels que vous, des esclaves.

Une pareille morale dans un journal établi sous la surveillance des ministres ! Mais elle n'est que celle dictée par le révolutionnaire le plus effronté et le plus perfide.

Oui, Messieurs, nous considérons la grande famille; nous savons aussi la distinguer de l'écume dont vous faites partie. S'il le faut, nous défendrons nos droits contre vous, par les armes de la justice, de la raison et du devoir.

Je sais qu'il faudra vous les arracher ces droits et ce pouvoir que vous avez usurpés ; mais notre accord parfait avec le Monarque, quand vous lui serez démasqués, en donnera les moyens à la justice que Dieu et les puissances alliées au Roi et aux bons Français, feront triompher enfin sur le crime.

Oui, tous les bons Français détestent la révolution et les révolutionnaires, parce qu'ils ont fait le malheur du monde, pour ne favoriser qu'une poignée de factieux.

Vous nous menacez, si nous voulons être justes, d'un bouleversement général. Vaines terreurs inspirées par l'hypocrisie.

Depuis vingt-cinq ans nous avons toujours été dupes de vos lumières; mais actuellement nous y voyons clair par nos propres yeux. Notre vue a été affaiblie par les nuages obscurs que vous aviez formés devant elle, et dans lesquels vous avez cherché à nous envelopper depuis si long-tems ; mais ces nuages sont dissipés ; elle se fortifiera au grand jour, et vous en avez trop fait pour encore pouvoir nous abuser.

Vous ne cherchez que la défense de la charte et sa conservation.... Oui, certes, elle serait, ainsi que notre auguste Monarque, entre très-bonnes mains.

Oh! la belle garantie et la puissante et loyale protection!....

Que Dieu, dans sa miséricorde, en préserve la France et son Roi ! ....

SEIGNOT.

Paris. Imprimerie de DONDEY-DUPRÉ, rue St.-Louis, N°. 46, au Marais.